Conception web éco-responsable.
Guide pratique pour des sites durables.

CONCEPTION WEB ÉCO-RESPONSABLE

Guide pratique pour des sites durables

Grégory Clément

© 2024 Grégory Clément

Édition : BoD – Books on Demand, info@bod.fr
Impression : BoD – Books on Demand,
In de Tarpen 42, Norderstedt (Allemagne)

Impression à la demande

ISBN : 978-2-3225-2234-7
Dépôt légal : Mars 2024

CONTEXTE

Dans le vaste monde du web, la notion de développement durable prend une importance grandissante. Au-delà de la simple réduction de l'impact environnemental, elle englobe également des aspects sociaux et économiques, cherchant à trouver un équilibre entre les besoins présents et les impératifs à long terme.

Dans ce contexte, le développement web durable vise à créer et gérer des sites internet répondant aux attentes des utilisateurs tout en minimisant leur empreinte écologique. Avec l'essor rapide de la technologie numérique, la consommation d'énergie, les émissions de gaz à effet de serre et la production de déchets électroniques ont augmenté de manière significative. Les sites internet, en tant que composantes essentielles de cette révolution numérique, contribuent largement à ces problématiques. Il est donc crucial de comprendre et d'intégrer des pratiques de développement durable pour atténuer ces impacts négatifs et favoriser une transition vers une industrie du web plus responsable.

L'objectif principal de ce document est d'approfondir les connaissances sur les différents aspects du développement durable appliqué au web. En proposant des stratégies concrètes pour concevoir, développer et maintenir des sites internet tout en réduisant leur impact sur l'environnement, ce document vise à guider les professionnels du web, les développeurs, les gestionnaires de projet et toute personne intéressée vers des pratiques plus durables.

En fin de compte, cet ouvrage aspire à devenir un outil pour ceux qui cherchent à harmoniser les impératifs du développement web avec les exigences de la préservation de notre planète. En comprenant les enjeux, en adoptant des pratiques responsables et en encourageant une communauté engagée, nous pouvons contribuer à l'avènement d'un internet plus durable et respectueux de notre environnement.

Chaque geste compte.

À PROPOS

Né en 1971, Grégory Clément est entrepreneur, auteur et conférencier dans le monde de la communication digitale depuis plus de vingt ans. Après avoir œuvré pour de grands comptes dans le secteur automobile, le *retail* et l'e-commerce, l'aspect durable et éco-responsable de son métier le touche de plus en plus. Il aspire désormais à transmettre ses connaissances et l'expérience qu'il a acquise durant ces années.

LES BASES DU DÉVELOPPEMENT DURABLE

Le développement durable est une approche holistique qui vise à équilibrer les dimensions environnementales, sociales et économiques d'une activité. Dans le contexte du web, ces principes fondamentaux prennent une importance particulière. Ce chapitre explore les bases du développement durable, en mettant l'accent sur leur application au développement web et en examinant l'impact environnemental du secteur numérique.

COMPRENDRE LES PRINCIPES FONDAMENTAUX DU DÉVELOPPEMENT DURABLE

Le développement durable repose sur trois piliers essentiels : l'économique, le social et l'environnemental. Sur le plan économique, il s'agit de garantir la viabilité financière des projets. Du côté social, il aspire à favoriser l'équité, la diversité et le bien-être des individus. Enfin, sur le plan environnemental, l'objectif est de minimiser les impacts négatifs sur la planète. Appliquer ces principes au développement web signifie concevoir des sites qui prospèrent économiquement, respectent les droits des utilisateurs, et minimisent leur empreinte écologique.

IMPACT ENVIRONNEMENTAL DU SECTEUR NUMERIQUE

La révolution numérique a considérablement augmenté la demande d'énergie, principalement due aux centres de données qui alimentent les sites internet. Les émissions de gaz à effet de serre, la consommation d'eau et la production de déchets électroniques sont également des préoccupations majeures.

L'impact environnemental du secteur numérique est significatif et continue de croître à mesure que la dépendance à l'égard de la technologie augmente. Voici quelques chiffres clés qui illustrent l'ampleur de cet impact :

Consommation d'énergie :
- Selon l'*Agence Internationale de l'Énergie* (AIE)[1], la consommation mondiale d'électricité due aux technologies de l'information et de la communication (TIC) représente environ 1 à 2 % de la consommation totale d'électricité.
- Les centres de données, qui hébergent une grande partie des services en ligne, sont responsables d'une part significative de cette consommation. En 2020, ils représentaient environ 200 térawattheures (TWh) d'électricité par an, soit près de 1% de la consommation mondiale d'électricité.

---

[1] Agence Internationale de l'Énergie : https://www.iea.org

Émissions de gaz à effet de serre (GES) :
- Le secteur numérique génère une quantité importante d'émissions de gaz à effet de serre. Selon le *Global e-Sustainability Initiative* (GeSI)[2], les émissions directes du secteur numérique représentaient environ 1,4% des émissions mondiales de GES en 2020.

- Les émissions indirectes, principalement liées à la fabrication et à l'élimination des équipements électroniques, ainsi qu'à la production d'électricité, sont également significatives.

Production de déchets électroniques :
- La croissance rapide de la technologie conduit à une augmentation des déchets électroniques. En 2019, le monde a généré environ 53,6 millions de tonnes de déchets électroniques, et ce chiffre devrait augmenter à mesure que de plus en plus d'appareils électroniques sont produits et mis au rebut, selon le Rapport *Global E-Waste Monitor*[3].

Consommation d'eau :
- La production et le refroidissement des équipements électroniques, ainsi que l'extraction des matériaux nécessaires à leur fabrication, contribuent à la consommation d'eau[4]. Bien que cette quantité soit relativement faible par rapport à d'autres secteurs, elle n'est pas négligeable

---

[2] Global e-Sustainability Initiative (GeSI): https://gesi.org
[3] Rapport Global E-Waste Monitor: https://www.globalewaste.org
[4] Groupe d'experts des Nations Unies sur la gestion durable des ressources en eau liées à l'informatique et aux communications (UNU-INWEH) : https://inweh.unu.edu

et pourrait devenir plus préoccupante à mesure que la demande en technologie augmente.

Comprendre ces impacts est crucial pour développer des solutions adaptées et durables. En effet, les choix dans le domaine du développement web peuvent contribuer à atténuer ces problèmes, tout en garantissant des performances optimales. Il s'agit désormais de jeter les bases d'une transition vers une industrie numérique plus respectueuse de l'environnement et socialement responsable.

Le développement web durable commence par une conception éthique et responsable. Cela inclut la réduction de la consommation d'énergie et l'intégration de pratiques équitables tout au long du processus de développement. Les choix technologiques, les langages de programmation, et les architectures de site doivent être évalués sous l'angle de leur impact sur la durabilité.

LE PIÈGE DES PLATEFORMES DITES « NO-CODE »

Pour la création d'un site à contenu - entendons par là, hors plateforme de commerce en ligne et autres interfaçages avec des logiciels tiers du type CRM ou ERP où une certaine technicité est nécessaire - il existe désormais de nombreuses possibilités grâce à des solutions en ligne du type *Wix*, *SquareSpace*, *Webly*, *Podia*, *Jimdo* et bien d'autres, la liste est longue.

Ces plateformes, dites « *no-code* », apportent de réelles plus-values au niveau fonctionnalités et design, surtout sans prérequis d'une connaissance technique en développement web. Il suffit de se laisser guider par leurs interfaces de plus en plus intuitives pour construire, une par une, nos pages de contenu. La solution est tentante.

Cependant, ces plateformes ne répondent pas ou peu aux trois piliers du développement durable :

- **Pilier économique.** Il s'agit de plateformes privées payantes. Pour les utiliser, il est nécessaire de s'acquitter mensuellement d'une somme parfois importante, sans garantie de la pleine propriété des données, ni de la pérennité du service. Préférez l'open-source.

- **Pilier sociétal.** Certaines de ces plateformes proposent les bases de l'accessibilité mais on est loin du compte, notamment concernant la transparence des données clients. Quant aux règles GDPR (respect de la vie privée du visiteur), elles ne sauraient s'appliquer avec des plateformes en dehors de l'Union Européenne.

- **Pilier environnemental.** Il est actuellement partiellement ou complètement ignoré. Il y a en effet peu de données sur la qualité des serveurs d'hébergement et de leur gestion durable, sur les améliorations constantes de l'utilisation de la bande passante et la gestion de la qualité des contenus ou encore sur l'optimisation du code source des pages consultées.

Certes, à l'heure actuelle, nous ne parviendrons pas à une empreinte carbone nulle mais les possibilités d'améliorations sont déjà nombreuses, peu coûteuses et parfaitement accessibles aux novices.

ÉCO-CONCEPTION DES SITES WEB

L'éco-conception des sites web constitue une approche essentielle pour intégrer les principes du développement durable dès la phase de conception et de développement et repose sur la prise en compte des enjeux environnementaux tout au long du cycle de vie d'un site. Cela englobe la phase de conception, de développement, d'hébergement, et même de fin de vie. L'objectif est de minimiser la consommation de ressources, d'optimiser les performances, et de réduire l'impact global sur l'environnement.

Pour intégrer l'éco-conception dans le processus de développement, plusieurs pratiques de base sont essentielles. Cela inclut l'optimisation du code source pour réduire la consommation de ressources serveur, la réduction du poids des pages pour diminuer la consommation de bande passante, et l'utilisation de technologies économes en énergie.

HTML/CSS/JAVASCRIPT

À la base, il est tout à fait possible de créer un simple site grâce aux langages de rendu HTML, CSS et javascript. C'est d'ailleurs ce que les plateformes de gestion de contenu (Content Management System) délivrent aux visiteurs puisqu'il s'agit là, des seuls langages reconnus et interprétés par les navigateurs internet. Mais bien que ces langages soient accessibles à tous et rapidement utilisables, notamment grâce à moultes bibliothèques d'exemples accessibles en ligne, développer un site de contenu complet avec cette technologie devient rapidement chronophage.

Le premier frein réside par exemple dans les zones de navigation et les pieds de page qui apparaissent sur chaque page. Un simple besoin de modification textuelle nécessite de revoir le code de l'ensemble de ces pages. Le besoin de faire appel à du code serveur pour encapsuler ces éléments de code récurrents en *snippets*[5] se fait vite sentir.

Un autre problème arrive rapidement dès qu'on a besoin de gérer un formulaire de contact ou un abonnement à une newsletter. Le code serveur devient très vite incontournable pour des fonctionnalités même basiques.

Pour ce faire, il est possible d'ajouter un moteur de code de type PHP pour le plus étendu et probablement le plus abordable techniquement, voire une base de données type

---

[5] Un *snippet* est un terme de programmation informatique désignant une petite portion réutilisable de code source ou de texte.

MySQL si apparaît le besoin d'enregistrer des données utilisées ou recueillies.

C'est pour cela que depuis le début des années 2000, sont apparues les plateformes de gestion de contenu (CMS). En une seule installation et quelques clics, tout était en place et prêt à l'emploi. Certaines plateformes étaient payantes, d'autres libres de droits (open source).

LE CHOIX DE L'OPEN SOURCE

L'open source (ou source ouverte en français) se réfère à une approche de développement de logiciel où le code source est mis à la disposition du public. Cela signifie que n'importe qui peut examiner, modifier et distribuer le code source du logiciel. Les projets open source sont souvent développés de manière collaborative, avec des contributions provenant de développeurs du monde entier. Cette approche favorise la transparence, la personnalisation, la flexibilité et la sécurité.

Le logiciel open source peut être considéré comme une solution durable à plusieurs égards.

1. **Collaboration communautaire.** Les projets open source impliquent souvent la collaboration d'une communauté mondiale de développeurs. Cette approche collaborative permet une amélioration continue, des corrections de bogues et des mises à jour, conduisant à un logiciel capable de s'adapter aux besoins et aux technologies changeants.

2. **Longévité.** Le modèle open source a tendance à favoriser la durabilité à long terme du logiciel. Si les responsables originaux d'un projet passent à autre chose, d'autres membres de la communauté peuvent prendre le relais pour continuer le développement et le support.

3. **Personnalisation et flexibilité.** Le logiciel open source offre aux utilisateurs la possibilité d'en modifier le code

source pour répondre à des exigences spécifiques. Cette flexibilité permet aux organisations d'adapter le logiciel à leurs besoins sans dépendre d'un seul fournisseur.

4. **Rapport efficacité / coût.** L'open source réduit souvent les coûts pour les entreprises et les particuliers. Il élimine les frais de licence et permet aux utilisateurs d'éviter un verrouillage par un fournisseur, favorisant un modèle plus rentable et durable.

5. **Sécurité.** La transparence du code source open source permet une surveillance constante, facilitant l'identification et la correction des vulnérabilités de sécurité. Cette approche de sécurité collaborative contribue à créer un logiciel plus robuste. Si une faille est découverte, elle est rapidement corrigée et déployée.

6. **Réduction de la consommation de ressources.** Le logiciel open source a tendance à être efficace en termes de ressources, permettant de fonctionner sur diverses configurations matérielles. Cela peut entraîner des exigences matérielles moins élevées et une consommation d'énergie réduite par rapport aux alternatives propriétaires gourmandes en ressources.

Cependant, il est important de noter que la durabilité est un concept complexe et multifacette. Bien que l'open source puisse contribuer positivement à la durabilité, d'autres facteurs tels que le choix du matériel, l'efficacité énergétique et les pratiques de développement jouent également des rôles cruciaux. De plus, la durabilité d'un projet open source peut dépendre de l'engagement continu de la communauté, du soutien financier et de l'engagement à maintenir et à améliorer le logiciel au fil du temps. On notera l'exemple de *Joomla*, un CMS (pour *Content Management System*) open source qui semblait prometteur il y a quelques d'années mais qui a été délaissé au fil des années au profit de plateformes plus simples à maintenir telles que Wordpress ou Drupal. Il en résulte une communauté de développeurs quelque peu restreinte et donc un coût de développement, de déploiement et de maintien plus important que les standards du marché actuel.

WORDPRESS, LE CMS ULTIME ?

WordPress est aujourd'hui considéré comme un CMS incontournable pour réaliser des sites web de contenu. Ceci pour plusieurs raisons, ce qui a contribué à son succès et à son adoption généralisée comme plateforme de gestion de contenu.

WordPress a vu le jour en 2003 lorsque Mike Little et Matt Mullenweg ont créé une version dérivée de *b2evolution*[6]. Le besoin d'un système de publication personnel élégant et bien conçu était déjà évident à l'époque. Aujourd'hui, WordPress est construit sur PHP et MySQL et est sous licence GPLv2. C'est également la plateforme choisie par plus de 43 % de tous les sites du web[7].

WordPress a évolué de manière progressive au fil du temps, soutenu par des développeurs compétents et enthousiastes, des concepteurs, des scientifiques, des blogueurs et bien d'autres encore. Les personnes ayant une expérience technique limitée peuvent l'utiliser "prêt à l'emploi", et les plus avertis peuvent le personnaliser de façon remarquable, grâce notamment à :

- **Facilité d'utilisation**
  WordPress est réputé pour sa convivialité et sa facilité d'utilisation. Même les utilisateurs sans compétences

---

[6] https://b2evolution.net
[7] https://wordpress.org

techniques avancées peuvent créer et gérer des sites Web de manière efficace grâce à son interface intuitive.

- **Large communauté**
  WordPress dispose d'une vaste communauté d'utilisateurs, de développeurs et de contributeurs. Cette communauté dynamique fournit un support technique, des thèmes, des plugins et des ressources qui contribuent à l'amélioration continue de la plateforme.

- **Flexibilité et extensibilité**
  WordPress offre une grande flexibilité grâce à ses thèmes et plugins. Il est possible de personnaliser l'apparence et les fonctionnalités d'un site en utilisant des thèmes préconçus ou en créant des designs personnalisés. Les plugins permettent d'ajouter des fonctionnalités spécifiques en fonction des besoins.

- **Gratuit et open source**
  WordPress est un logiciel open source, ce qui signifie qu'il est gratuit à utiliser et que son code source est accessible à tous. Cela encourage la transparence, la personnalisation et la collaboration.

- **SEO** (Optimisation pour les moteurs de recherche)
  WordPress est bien optimisé pour les moteurs de recherche, ce qui facilite le référencement naturel des sites web. Il offre également des plugins dédiés qui permettent d'améliorer davantage le SEO.

- **Écosystème étendu de thèmes et de plugins**
  Il existe une multitude de thèmes et de plugins disponibles pour WordPress, permettant aux utilisateurs de personnaliser leurs sites selon leurs besoins spécifiques sans avoir à développer tout depuis zéro.

- **Mises à Jour régulières et sécurité**
  La communauté active de développeurs veille à la sécurité de WordPress en publiant régulièrement des mises à jour. Ces mises à jour incluent des correctifs de sécurité et des améliorations, assurant ainsi un environnement en constante évolution et sécurisé, bien qu'il existe plusieurs plugins qui accroissent notablement la prise en charge des aspects sécuritaires.

- **Adaptabilité aux différents types de sites**
  Que vous ayez besoin d'un blog, d'un site d'entreprise, d'une boutique en ligne ou d'un portfolio, WordPress peut être adapté à différents types de sites grâce à ses fonctionnalités polyvalentes.

En raison de ces avantages, WordPress est devenu un choix populaire pour de nombreux utilisateurs, qu'ils soient des blogueurs individuels, des petites ou grandes entreprises, renforçant ainsi sa position en tant que plateforme incontournable aujourd'hui.

Peut-on mettre Wordpress dans la case du développement durable ?

Non, Wordpress en lui-même n'est pas un logiciel utilisé pour son approche durable. Ce n'est pas sa vocation. Comme tous les CMS, il s'exécute depuis le serveur et permet de créer des sites web de contenu.

C'est lors du rendu du site web sur les navigateurs qu'on pourra mesurer son impact environnemental avec, pour principaux relais :

- Le choix du serveur d'hébergement,
- La sélection du thème et des plugins utilisés,
- L'optimisation des performances de rendu,
- La durabilité des contenus,
- L'accessibilité.

Ainsi, mesurer l'impact environnemental d'un site web est crucial pour identifier les zones nécessitant des améliorations. Il existe pour cela des outils en ligne et gratuits, tels que :

- **PageSpeed Insights**[8]
  Basé sur le moteur *Lighthouse*[9] de Google, *PageSpeed Insights* (PSI) fournit des rapports sur l'expérience utilisateur d'une page sur les appareils mobiles et les

---

[8] https://pagespeed.web.dev/?hl=fr
[9] https://github.com/GoogleChrome/lighthouse/releases/tag/v11.0.0

ordinateurs, et suggère des améliorations à apporter à cette page.

PSI fournit des données de test et des données réelles concernant une page. Les données de test sont utiles pour déboguer les problèmes, car elles sont collectées dans un environnement contrôlé. Bien que les éléments des rapports soient quelque peu difficiles à appréhender, PSI reste une source sûre d'amélioration de la vitesse de chargement des pages et de l'expérience utilisateur.

- **Website Carbon**[10]
  Ce site permet de calculer les émissions de carbone d'un site web en fournissant simplement son URL.
  La méthode de calcul est décrite sur cette page :
  https://sustainablewebdesign.org/calculating-digital-emissions/

- **Digital Beacon**[11]
  Digital Beacon est un outil génial pour l'analyse des sites web. Il indique les émissions de CO_2, la taille des pages et de nombreux conseils utiles.

- **Ecograder**[12]
  Ecograder est un autre outil qui vous permet d'analyser les sites web. Il vous prodigue également des conseils détaillés sur la manière de rendre le site plus écologique.

---

[10] https://www.websitecarbon.com
[11] https://digitalbeacon.co
[12] https://ecograder.com

- **The Green Web Foundation[13]**
  Plutôt complet, cette boite à outil est avant tout une fondation qui œuvre à rendre Internet libre de l'énergie fossile d'ici 2030. Il y a aussi un système de certifications reconnues.

Ce genre d'outil est de plus en plus présent sur Internet, une simple recherche sur Internet en donne bien plus, ce ne sont là que quelques exemples parmi les plus connus et les plus utiles.

---

[13] https://www.thegreenwebfoundation.org

LE CAS DES HEADLESS CMS

Depuis quelques années, de nouveaux outils de gestion de contenu nommés *Headless CMS* sont apparus sur le marché.

Un *Headless CMS* est totalement indépendant de la gestion de contenu de l'architecture frontale qui est généralement nécessaire lors de la création de sites web en tant que CMS. En termes simples, un *Headless CMS* fonctionne comme un référentiel de contenu numérique qui permet la diffusion d'un contenu multiplateforme. Il offre du contenu en tant que service (CaaS), de sorte que la création et l'édition de contenu sont possibles au sein de l'infrastructure CMS. Cela permet en même temps de rendre le contenu brut disponible pour d'autres systèmes.

Certains des meilleurs systèmes de gestion de contenu *Headless* sont
- Sanity.io[14],
- Contentstack[15],
- Contentful[16],
- GraphCMS[17].

En termes de développement durable, les *Headless CMS* pourraient s'avérer être une alternative intéressante du fait de la séparation complète entre le back et le front-office.

---

[14] https://www.sanity.io
[15] https://www.contentstack.com
[16] https://www.contentful.com
[17] https://graphcms.com

D'autant plus que le rendu en *front-end* s'opère grâce à des *frameworks* javascript modernes du type *React*, *Vues.js* ou *Angular* pour ne citer qu'eux.

Mais leur déploiement complet nécessite de solides connaissances techniques. Ce que l'on gagne en flexibilité et agilité, on le perd en complexité, en coûts et en dépendance aux développeurs.

HÉBERGEMENT RESPONSABLE

Au cours des dernières années, l'impact environnemental de la technologie a été scruté de près, incitant entreprises et individus à rechercher des alternatives respectueuses de l'environnement. L'hébergement web durable s'est imposé comme un aspect crucial de la réduction de l'empreinte carbone numérique. Cet essai explore le concept d'hébergement web durable, son importance, et fournit une liste de dix fournisseurs européens dignes d'intérêt, engagés dans des pratiques respectueuses de l'environnement.

L'hébergement web durable implique l'utilisation de pratiques écologiquement responsables pour minimiser l'impact écologique de l'hébergement de sites web et de services en ligne. Les centres de données traditionnels, qui alimentent Internet, consomment des quantités considérables d'énergie et contribuent de manière significative aux émissions de carbone. L'hébergement web durable vise à atténuer ces effets à travers diverses stratégies.

Voici certains aspects à prendre en compte pour orienter le choix vers l'éco-responsabilité :

1. **Utilisation d'Énergies Renouvelables**
   Les hébergeurs web durables privilégient l'utilisation de sources d'énergie renouvelables telles que l'énergie solaire, éolienne ou hydraulique pour alimenter leurs centres de données. Cette transition réduit la dépendance aux combustibles fossiles, contribuant à un mix énergétique plus vert.

2. **Efficacité Énergétique**
   L'utilisation optimale de matériels et de technologies économes en énergie permet de minimiser la consommation d'énergie globale. Cela inclut la mise en œuvre de serveurs économes en énergie, de systèmes de refroidissement efficaces et d'un éclairage écoénergétique au sein des centres de données.

3. **Conservation des Ressources**
   Les fournisseurs d'hébergement web durable cherchent à minimiser le gaspillage de ressources en mettant en place des pratiques telles que la virtualisation des serveurs, qui permet à plusieurs serveurs virtuels de fonctionner sur une seule machine physique, réduisant ainsi les besoins en matériel.

4. **Certifications Écologiques**
   De nombreux hébergeurs durables cherchent des certifications auprès d'organisations environnementales

reconnues et indépendants, telles que la *Green Web Foundation*[18] ou le *Carbon Trust*[19]. Ces certifications valident leur engagement envers des pratiques respectueuses de l'environnement.

5. **Compensation Carbone**
   Certains hébergeurs web investissent dans des projets de compensation carbone pour neutraliser leur empreinte carbone. Cela implique le soutien à des initiatives telles que la reforestation ou des projets d'énergie renouvelable pour équilibrer les émissions générées par leurs opérations. Cet aspect, bien qu'intéressant et louable, est à considérer en dernier recours puisqu'il s'agit avant tout d'une compensation et pas d'une durabilité réelle.

Cependant, l'aspect environnemental n'est pas le seul à prendre en compte pour un développement durable complet.

Responsabilité Sociale des Entreprises (RSE).
Les entreprises intègrent de plus en plus la durabilité dans leurs initiatives de RSE. Opter pour un hébergement web durable s'aligne sur ces valeurs, démontrant un engagement envers la responsabilité environnementale.

Confiance et Préférence des Consommateurs.
Les consommateurs sont de plus en plus conscients de l'environnement et sont susceptibles de choisir des entreprises partageant leurs valeurs. L'hébergement web durable peut

---

[18] https://www.thegreenwebfoundation.org
[19] https://www.carbontrust.com/en-eu

renforcer la confiance et la préférence des consommateurs pour un site web ou un service en ligne.

Conformité Réglementaire
Avec la multiplication des réglementations environnementales, les entreprises adoptant des pratiques durables, y compris en matière d'hébergement web, peuvent assurer leur conformité aux normes environnementales en constante évolution.

Enfin, l'hébergement durable n'est pas synonyme de compromis ou de dégradation des services de base. La qualité de support de 1er et 2ème niveau doit impérativement être au rendez-vous.

Quelques fournisseurs européens d'hébergement web durable, classés alphabétiquement.

1. **Kualo**[20] (Royaume-Uni)
   Kualo est reconnu pour son engagement envers une énergie 100 % renouvelable, proposant des services d'hébergement alimentés par l'énergie éolienne et solaire.

2. **GreenGeeks**[21] (Allemagne)
   GreenGeeks est un leader reconnu dans l'hébergement vert, utilisant des matériels économes en énergie et achetant des crédits d'énergie éolienne.

---
[20] https://www.kualo.com
[21] https://www.greengeeks.com

3. **HostEurope**[22] (Allemagne)
   HostEurope met l'accent sur des pratiques économes en énergie et est certifié par l'Agence fédérale allemande de l'environnement pour son engagement envers la durabilité.

4. **EasyHost**[23] (Belgique)
   EasyHost se concentre sur des serveurs économes en énergie et utilise une énergie verte, contribuant ainsi à réduire l'impact environnemental.

5. **Eco Hosting**[24] (Royaume-Uni)
   Comme son nom l'indique, *Eco Hosting* se consacre à fournir des solutions d'hébergement respectueuses de l'environnement, s'appuyant sur des sources d'énergie renouvelables.

6. **Infomaniak**[25] (Suisse)
   Infomaniak est alimenté à 100 % par des énergies renouvelables et participe activement à des projets de reboisement pour compenser son empreinte carbone.

7. **Green.ch**[26] (Suisse)
   Green.ch met l'accent sur des pratiques durables et a obtenu des certifications pour son engagement envers un

---

[22] https://www.hosteurope.de/en
[23] https://www.easyhost.be/en
[24] https://www.ecohosting.co.uk
[25] https://www.infomaniak.com/fr
[26] https://www.green.ch/en

hébergement économe en énergie et respectueux de l'environnement.

8. **Datacampus**[27] (France)
   Situé à Poitiers, *Datacampus* utilise un système de refroidissement à base d'eau recyclée. Sa consommation énergétique est calquée sur celle du Futuroscope dont il partage les lieux.

9. **One.com**[28] (Danemark)
   One.com est un « ancien » hébergeur web, probablement l'un des moins cher. Depuis peu, ils offrent une alternative verte qui demande à être testée.

Bon à savoir : La *Green Web Foundation* met à disposition un répertoire d'hébergeurs verts. Le *Green Web Directory*[29] est une liste consultable qui permet aux utilisateurs de trouver rapidement des sociétés d'hébergement écologiques vérifiées. Il s'agit d'organisations qui offrent des services d'hébergement et peuvent démontrer qu'elles prennent des mesures pour éviter, réduire ou compenser les émissions de gaz à effet de serre causées par l'utilisation de l'électricité pour fournir leurs services. Cependant, ce service gratuit est encore en version beta.

---

[27] https://datacampus.fr
[28] https://www.one.com/en/hosting/green-hosting
[29] https://app.greenweb.org/directory/

Respect du Règlement général sur la protection des données.

Il n'y a pas d'incompatibilité entre un hébergement en Suisse ou au Royaume-Uni et les règles du Règlement général sur la protection des données (GDPR). Ces deux pays ne sont pas membres de l'Union européenne (UE), mais ils assurent une protection des données équivalente à travers leur propre législation, notamment la *Loi fédérale sur la protection des données*[30] (LPD) pour la Suisse et *The Data Protection Act 2018*[31], son équivalent au Royaume-Uni.

Tant que le fournisseur d'hébergement respecte les normes de protection des données, il peut être considéré comme offrant un niveau de protection adéquat, similaire aux normes GDPR. Cependant, il est important de s'en assurer et qu'il dispose de mesures appropriées pour garantir la sécurité des informations personnelles, et qu'il peut fournir les garanties nécessaires conformément au GDPR.

---

[30] https://www.kmu.admin.ch/kmu/fr/home/faits-et-tendances/digitalisation/protection-des-donnees/nouvelle-loi-sur-la-protection-des-donnees-nlpd.html
[31] https://www.gov.uk/data-protection

OPTIMISATION DES PERFORMANCES

Lorsqu'il s'agit d'offrir une expérience utilisateur optimale sur un site web, la rapidité et la réactivité sont des éléments essentiels. L'optimisation des performances d'un site web commence par l'optimisation de la vitesse de chargement des pages et la réduction de la consommation de bande passante. En effet, la vitesse de chargement des pages a un impact significatif sur l'expérience utilisateur, mais elle joue également un rôle crucial dans la consommation d'énergie et l'empreinte carbone d'un site web. Des pages rapides non seulement satisfont les utilisateurs – surtout à partir d'un smartphone, mais réduisent également la demande en énergie des serveurs et des infrastructures réseau. De plus, des pages web rapides à charger contribuent également à un meilleur référencement sur les moteurs de recherche.

MISE EN PLACE D'UN SYSTEME DE CACHE SUR UN SITE WEB

Une méthode courante pour optimiser le temps de chargement d'un site web est la mise en place d'un système de cache. Le cache est un mécanisme qui stocke temporairement des données souvent utilisées afin de réduire le temps d'accès à ces données. Sur un site web, cela se traduit par la sauvegarde de certaines pages ou éléments de page pour éviter de les recalculer ou de les récupérer à chaque nouvelle demande. En d'autres termes, le cache permet de servir des contenus statiques pré-générés au lieu de reconstruire dynamiquement la page à chaque visite.

Il existe plusieurs types de cache :

1. Le **cache navigateur**
   Le cache côté navigateur stocke des ressources localement sur l'ordinateur - ou le smartphone - de l'utilisateur. Cela inclut des fichiers CSS, JavaScript, images, etc. Lorsqu'un utilisateur revient sur une page, le navigateur peut charger ces ressources à partir du cache local plutôt que de les télécharger à nouveau depuis le serveur. Assurez-vous que les ressources statiques telles que les fichiers CSS, JavaScript et les images sont configurées pour être mises en cache côté navigateur. Cela se fait en définissant des en-têtes appropriés dans les réponses du serveur, indiquant au navigateur combien de temps il peut conserver ces fichiers en cache. Le principe de navigation privée, disponible sur tous les navigateurs modernes,

permet de s'affranchir de ce système de cache et permet la visualisation des dernières modifications. Utile à tous les webmasters et éditeurs de contenu.

2. Le **cache serveur**
   Le cache côté serveur stocke des copies de pages complètes ou de fragments de pages sur le serveur. Cela réduit la charge sur le serveur en évitant de recalculer les pages pour chaque demande. Des outils tels que *Varnish*[32] ou *Nginx*[33] peuvent être utilisés pour mettre en place un cache côté serveur. Mais qu'on se rassure, la plupart des hébergeurs web disposent nativement de ce service. Il est alors possible de le purger au niveau de l'interface utilisateur de l'hébergement.

3. Le **cache de base de données**
   Pour les sites web qui récupèrent fréquemment des données depuis une base de données, le caching au niveau de la base de données peut être utilisé. Cela peut être réalisé en stockant des résultats de requêtes fréquemment utilisées en mémoire, réduisant ainsi la nécessité de requêtes répétitives. Dans le cas d'un moteur Wordpress – ou autre CMS moderne – ce type de cache est déjà parfaitement en place.

---

[32] https://varnish-cache.org/intro/index.html#intro
[33] https://docs.nginx.com/nginx/admin-guide/content-cache/content-caching/

4. Le **cache de contenu dynamique**

    Dans le cas de contenus générés dynamiquement, sous Wordpress – ou autre CMS moderne –, des solutions pointues et efficaces existent via des extensions dédiées telles que les plugins *WP-rocket*[34], *WP Super Cache*[35] ou encore *W3 Total Cache*[36] peuvent être utilisées pour stocker en mémoire des fragments de page ou des résultats de calculs fréquents. Ces solutions sont très faciles à paramétrer et disposent d'une communauté d'utilisateurs importantes. De plus, elles proposent l'utilisation en parallèle et complément d'un CDN (voir ci-dessous) et utilisent des événements pour déclencher l'invalidation et la purge du cache, comme la publication d'un nouvel article.

5. Les **réseaux de diffusion de contenu** ou **CDN** (Content Delivery Network)

    Les CDN, qui optimisent la distribution des contenus web, jouent un rôle crucial dans l'expérience utilisateur et leur impact énergétique peut être significatif.

Lorsqu'un utilisateur demande les ressources statiques d'un site internet pour la première fois, un serveur CDN transfère les fichiers depuis le serveur d'origine. Il met également en cache une copie des ressources dans le serveur le plus proche de l'utilisateur, appelé un serveur de périphérie, et réutilise les données stockées pour les futures demandes. La mise en

---

[34] https://wp-rocket.me/
[35] https://wordpress.org/plugins/wp-super-cache/
[36] https://wordpress.org/plugins/w3-total-cache/

cache permet de servir le contenu du site aux visiteurs beaucoup plus rapidement et réduire la charge de travail du serveur web. Si votre visiteur vient d'Inde alors que votre serveur d'origine se trouve en Europe, la diffusion du contenu peut prendre plus de temps en raison de la distance physique qui les sépare.

Pour mettre en place un CDN, c'est très simple. Utilisez un outil tel que *CDN Finder*[37] pour vérifier si un CDN est déjà intégré à votre site. Choisissez entre un service CDN gratuit ou payant en fonction de vos besoins. La plupart du temps pour un site web de contenu classique, une version gratuite sera suffisante avec, par exemple, *Cloudflare*[38]. Activez-le et testez les changements.

Rien qu'avec un CDN proprement configuré, la sécurité du site se trouve renforcée puisque les données statiques ne se chargent plus à partir du serveur racine, l'utilisation de la bade passante se trouve réduite puisque les données statiques sont délivrées à partir de caches proches, le référencement dans les moteurs de recherche est amélioré grâce au gain de la vitesse de chargement.

Là encore, il convient de purger le CDN à chaque modification de contenu ou de code pour délivrer un contenu toujours à jour.

---

[37] https://www.cdnplanet.com/tools/cdnfinder/
[38] https://www.cloudflare.com/fr-fr/

Une fois le système de cache en place, il reste crucial de surveiller ses performances et de l'ajuster si nécessaire. Des outils de surveillance tels que *Google Analytics / PageSpeed Insights* ou des outils spécifiques au serveur d'hébergement peuvent fournir des informations sur l'utilisation du cache et les temps de réponse du serveur.

CORE WEB VITALS : LA MÉTHODE DE GOOGLE POUR OPTIMISER LES PERFORMANCES WEB

Core Web Vitals est une initiative de Google qui date de 2020 et vise à améliorer la vitesse de chargement et l'expérience utilisateur (UX) de tous les sites Internet. Avec des outils comme *PageSpeed Insights*, *Mobile-Friendly Test*, *Lighthouse* entre autres et les mouvements plus généraux tels que le format AMP, le Chrome UX Report et le site web.dev, Core Web Vitals cherche à établir des critères simples et unifiés sur ce qu'est une bonne expérience Web.

Core Web Vitals repose sur trois mesures. Chacune d'entre elles touche un aspect essentiel pour qu'une page soit rapide et offre une bonne expérience utilisateur.

- **Largest Contentful Paint** – LCP
  L'indicateur LCP mesure le temps de chargement du contenu, marque le moment exact où le plus grand élément de contenu – image, vidéo, bloc de texte – au-dessus de la ligne de flottaison (ce que vous voyez sans défiler vers le bas) est entièrement chargé. Un bon LCP ne dure pas plus de 2,5 secondes.

- **First Input Delay** – FID
  Basé sur le framework RAIL (Response Animation Idle Load), le métrique First Input Delay ou « délai de première entrée » mesure la réactivité de la page Web. Explicitement, c'est le temps qui s'écoule entre le

moment où l'utilisateur effectue une action à l'instar d'un clic et celui où le navigateur répond à cette interaction. Un bon FID doit répondre en moins de 100 millisecondes.

NB : ce métrique sera remplacé en mars 2024 par L'INP (Interaction to Next Paint)

- **Cumulative Layout Shift** – CLS
   Le Cumulative Layout Shift ou « décalage cumulatif de mise en page » mesure la stabilité visuelle. Souvent, les éléments d'une page se déplacent au fur et à mesure que le contenu se charge et s'affiche sur l'écran – une expérience assez lassante et qui conduit généralement à de nombreux clics à un mauvais endroit. Cette métrique quantifie la fréquence et l'ampleur avec laquelle ces changements se produisent sur une page.

Pour obtenir un score proche de 100% sur *PageSpeed Insights*, voici quelques astuces :

1. **Compression des images**
   Utilisez des images compressées en amont et choisissez le bon format (WebP est souvent recommandé). Utilisez des outils en ligne gratuits tels que *TinyPNG*[39] pour réduire drastiquement le poids des images sans perte

---

[39] https://tinypng.com

perceptible. L'ajout d'un plugin dédié sous Worpress est un plus (*Imagify*[40], *ShortPixel*[41], *TinyPNG*[38], *EWWW*[42]).

2. **Mise en cache du navigateur**

   Configurez une politique de mise en cache appropriée pour tirer parti du stockage côté navigateur. Pour ce faire, il suffit d'ajouter ce code à votre fichier .htaccess :

```
# Expires headers
<IfModule mod_expires.c>
ExpiresActive on
ExpiresDefault "access plus 1 month"
# cache.appcache needs re-requests in FF 3.6 (thanks Remy ~Introducing HTML5)
ExpiresByType text/cache-manifest "access plus 0 seconds"
# Your document html
ExpiresByType text/html "access plus 0 seconds"
# Data
ExpiresByType text/xml "access plus 0 seconds"
ExpiresByType application/xml "access plus 0 seconds"
ExpiresByType application/json "access plus 0 seconds"
# Feed
ExpiresByType application/rss+xml "access plus 1 hour"
ExpiresByType application/atom+xml "access plus 1 hour"
# Favicon (cannot be renamed)
ExpiresByType image/x-icon "access plus 1 week"
# Media: images, video, audio
ExpiresByType image/gif "access plus 4 months"
ExpiresByType image/png "access plus 4 months"
ExpiresByType image/jpeg "access plus 4 months"
ExpiresByType image/webp "access plus 4 months"
ExpiresByType video/ogg "access plus 4 months"
ExpiresByType audio/ogg "access plus 4 months"
ExpiresByType video/mp4 "access plus 4 months"
ExpiresByType video/webm "access plus 4 months"
# HTC files (css3pie)
ExpiresByType text/x-component "access plus 1 month"
# Webfonts
ExpiresByType font/ttf "access plus 4 months"
ExpiresByType font/otf "access plus 4 months"
```

---

[40] https://imagify.io/fr/
[41] https://shortpixel.com
[42] https://ewww.io

```
ExpiresByType font/woff "access plus 4 months"
ExpiresByType font/woff2 "access plus 4 months"
ExpiresByType image/svg+xml "access plus 1 month"
ExpiresByType application/vnd.ms-fontobject "access
plus 1 month"
# CSS and JavaScript
ExpiresByType text/css "access plus 1 year"
ExpiresByType application/javascript "access plus 1
year"
</IfModule>
```

Si vous êtes sous Wordpress et que la modification du fichier .htaccess vous semble trop technique, optez pour un plugin dédié comme *Leverage Browser Caching*[43].

3. **Minification des fichiers CSS, JS, HTML**
   Réduisez la taille des fichiers en éliminant les espaces, les commentaires et en minimisant le code. Là encore, de nombreux outils en ligne le permettent. Mais la plupart des plugins de cache pour Wordpress l'incorpore de façon native.

4. **Réduction des requêtes HTTP**
   Diminuez le nombre de requêtes en combinant les fichiers CSS et JS lorsque c'est possible. Là encore, si vous utilisez un *Page Builder* sous Wordpress de type *Elementor* ou *Divi* (pour ne citer que les plus performants), ce point est probablement déjà en place.

5. **Chargement asynchrone ou différé des ressources**
   Assurez-vous que les scripts ne bloquent pas le rendu initial.

---

[43] https://wordpress.org/plugins/leverage-browser-caching/

6. **Optimisation des polices de caractère**
Utilisez des polices web optimisées et limitez le nombre de variantes (italique, gras, semi-gras, normal, semi-light, ou light). Pour cela, la meilleure option est de choisir parmi la multitude de polices offertes par *Google Font*[44] car elles sont libre de droit et optimisées pour le web, de les télécharger et de les incorporer dans votre site via le script proposé. Les utiliser directement depuis le site de Google Font pénalise les résultats en termes de vitesse de chargement et d'optimisation du nombre de requête. De plus, un cookie d'utilisation est ajouté que vous devrez gérer dans votre liste globale de cookies (voir section accessibilité).

7. **Optimisation du rendu initial**
Priorisez le chargement des ressources nécessaires au rendu initial avec, par exemple :
Critical CSS : Identifiez le CSS essentiel à l'affichage initial de la page (au-dessus de la ligne de flottaison) et posez-le directement dans le document HTML ou via un module code pour les *Page Builders*. Cela permet de réduire le temps nécessaire pour afficher le contenu principal.

JavaScript différé ou asynchrone : Les scripts JavaScript peuvent retarder le rendu. Utilisez l'attribut *async* ou *defer* pour charger les scripts non essentiels après le rendu initial. Cependant, soyez prudent, car cela peut affecter le comportement de certaines fonctionnalités.

---

[44] https://fonts.google.com/

Priorisation des ressources : Déterminez quelles ressources (images, scripts, styles) sont nécessaires immédiatement et assurez-vous qu'elles sont chargées en priorité. Cela peut être fait en ajustant l'ordre des balises <link> et <script> dans le code HTML.

Optimisation des polices : Si votre page utilise des polices personnalisées, assurez-vous de charger uniquement les variantes nécessaires pour le rendu initial. Évitez de charger des polices inutilisées qui pourraient alourdir le chargement.

8. **Serveur rapide**
   Choisissez un hébergeur performant et assurez-vous que le serveur répond rapidement.

9. **Réduction des redirections**
   Évitez les redirections inutiles qui peuvent ralentir le chargement de la page.

10. **Utilisation de la compression Gzip/Brotli**
    Activez la compression pour réduire la taille des fichiers transférés.

CHOIX DU THEME SOUS WORDPRESS

Lorsque vous créez un site sous WordPress, le choix du thème est crucial. Voici quelques points importants à prendre en compte pour choisir un thème adapté :

1. **Mises à jour régulières**
   Optez pour un thème qui est régulièrement mis à jour pour assurer sa compatibilité avec les nouvelles versions de WordPress et les normes de codage récentes. Cela garantit la sécurité et la stabilité à long terme de votre site.

2. **Support technique fiable**
   Choisissez un thème développé par une équipe ou des développeurs réputés qui offrent un support technique réactif en cas de besoin. Les forums de support actifs et les bases de connaissances bien entretenues sont des signes positifs.

3. **Performance et vitesse de chargement**
   Priorisez les thèmes qui mettent l'accent sur la performance et la rapidité de chargement. Une bonne optimisation contribue à une meilleure expérience utilisateur et favorise le référencement de votre site.

4. **Personnalisation facile**
   Recherchez un thème polyvalent et facilement personnalisable. Il devrait proposer diverses options de mise en page, de couleurs et de polices, et permettre des

ajustements de design sans nécessiter de compétences avancées en codage.

5. **Pratiques de développement solides**
   Vérifiez si le thème suit les bonnes pratiques de développement, comme l'utilisation de balises HTML sémantiques et l'optimisation du code pour les performances.

6. **Compatibilité avec les plugins**
   Assurez-vous que le thème est compatible avec les plugins essentiels que vous prévoyez d'utiliser pour étendre les fonctionnalités de votre site.

7. **Test de démo**
   Avant de vous engager, testez la démo du thème pour évaluer son apparence, sa convivialité et ses fonctionnalités. Assurez-vous qu'il répond à vos besoins en termes de design et de fonctionnalités, et qu'il pourra évoluer avec vos besoins futurs, même s'ils se manifestent dans plusieurs mois ou années. Gardez également à l'esprit les coûts récurrents éventuels lors des mises à jour majeures du thème.

LES PAGES BUILDERS

Pensez aussi aux différents *Page Builders* (constructeurs de page). Un thème Page Builder est conçu pour fonctionner de manière transparente avec des modules indépendants de construction et de mise de page même complexe et personnalisée sans avoir à écrire de code. C'est là une de leurs grandes forces. Les *Page Builders* offrent souvent une grande variété d'options de personnalisation pour la mise en page, les couleurs, les polices et d'autres aspects visuels, permettant aux utilisateurs de créer des designs uniques et attractifs proches de l'aspect des magazines papier. Ils incluent des modèles de page préconçus et des sections prêtes à l'emploi pour faciliter la création de sites web professionnels rapidement. De plus, les modes responsives et adaptatifs pour l'ensemble des supports type smartphones et tablettes sont natifs. On gagne un temps de développement vraiment non négligeable.

Côté optimisation des performances, bien que les *Page Builders* puissent ajouter une certaine surcharge au chargement de la page, ils sont souvent optimisés – ou en offre la possibilité - pour maintenir de bonnes performances en termes de vitesse de chargement et d'optimisation pour les moteurs de recherche.

En résumé, choisir un Page Builder offre une combinaison de flexibilité de conception, de fonctionnalités avancées et de facilité d'utilisation, ce qui en fait un choix populaire pour les utilisateurs qui souhaitent créer des sites web personnalisés sans avoir à maîtriser le codage.

Divi [45] et ***Elementor*** [46] sont deux des *Page Builders* parmi les plus populaires pour WordPress, offrant des fonctionnalités similaires mais avec des approches légèrement différentes, notamment en termes d'interface utilisateur, de fonctionnalités et de performance. Le choix entre les deux dépendra souvent des préférences personnelles de l'utilisateur et des besoins spécifiques du projet. À noter que tout deux disposent de larges bibliothèques de plugins qui permettent d'augmenter encore leurs possibilités natives.

L'inconvénient principal des *Pages Builders* est qu'ils ne sont pas open source et vous devrez vous acquitter d'un coût de licence d'utilisation. De plus, le contenu injecté dans Wordpress ne sera pas exportable en l'état et exploitable sur un autre site Wordpress qui n'utilise pas la même *Page Builder*. La mise en page en mode blocs et sections fait partie du contenu. Mais il s'agit là d'un cas plutôt rare d'utilisation (refonte de site complet sur une nouvelle future plateforme par exemple).

Quel que soit le choix du thème, il est nécessaire de créer un thème enfant[47] associé au thème principal. Le thème enfant va permettre de modifier notamment le fichier de paramètre

---

[45] https://www.elegantthemes.com
[46] https://elementor.com
[47] https://www.hostinger.com/tutorials/how-to-create-wordpress-child-theme

functions.php pour y ajouter certains ordres et filtres afin de rendre Wordpress le plus léger possible.

GESTION DURABLE
DES CONTENUS

La gestion des contenus d'un site web peut avoir un impact significatif sur son empreinte environnementale, que ce soit lors de son insertion première ou de la gestion de sa pérennité.

L'éco-responsabilité d'un site web ne se mesure pas uniquement lors de sa conception mais englobe également, voire surtout, sa vie propre dans le temps. En effet, à chaque insertion de nouveaux contenus, de nombreux aspects sont à prendre en compte pour éviter que le site ralentisse progressivement et que son optimisation première soit réduite à néant.

DURABILITE DES DONNÉES

En effet, la gestion des contenus ne se limite pas à la publication et à l'organisation des informations. Elle englobe également la durabilité des données. Pensez à vérifier vos contenus pour dépublier et effacer tout ce qui est obsolète. Cela vaut aussi pour les médias téléchargés. Il est inutile et énergétiquement coûteux de conserver des images qui n'apparaissent plus sur le site, surtout en prenant conscience que des logiciels comme Wordpress peuvent créer jusqu'à une dizaine de versions de la même image, avec des tailles différentes, pour les afficher en fonction du contexte.

Régulièrement, un nettoyage de la base de données s'impose quand vous êtes amené à supprimer du contenu obsolète. Des plugins, tels que *Autoptimize*[48] pour Wordpress, permettent d'effectuer ces nettoyages facilement et gratuitement.

---

[48] https://fr.wordpress.org/plugins/autoptimize/

SEARCH ENGINE OPTIMISATION (SEO) ET ORGANISATION DU CONTENU

Que se passe-t-il alors quand on supprime du contenu obsolète ? Auparavant, l'optimisation des moteurs de recherche tournait presque entièrement autour des mots-clés. Il y a quelques décennies, les agences de référencement identifiaient des mots-clés et rédigeaient un article les contenant aussi souvent que possible en créant des liens retour (*back links*) à partir d'autres sites web contenant ces mêmes mots-clés dans le texte d'ancrage.

Bien que cela soit encore en partie vrai aujourd'hui, Google, pour ne nommer que lui, a beaucoup évolué en tant que moteur de recherche. Il ne se contente plus d'afficher les résultats lorsque les mots clés correspondent syntaxiquement à la requête de l'utilisateur. Au contraire, grâce aux intelligences artificielles, il comprend désormais à un niveau sémantique ce que l'utilisateur recherche et affiche des résultats qui correspondent à l'intention de recherche.

Le référencement de contenus obsolètes n'est donc plus à conserver du fait de leur poids de plus en plus faible dans les volumes de recherche.

Le bon référencement est durable.

Il aide les entreprises à se développer à long terme et de manière rentable. Il est socialement durable parce qu'il permet d'aider les internautes à trouver ce qu'ils cherchent. Et il est écologiquement durable parce qu'il réduit le besoin des utilisateurs de visiter plusieurs autres sites web, potentiellement moins respectueux de l'environnement.

En organisant votre contenu en grappes, c'est-à-dire des articles introductifs qui renvoient à des articles connexes et approfondis, et vice versa, vous pouvez répondre à l'intention de recherche secondaire des utilisateurs. Alors que l'intention de recherche primaire consiste à répondre au besoin immédiat de l'utilisateur, l'intention de recherche secondaire consiste à répondre à d'autres questions que l'utilisateur rencontre au cours de ses recherches. Les regroupements de contenus et les liens internes peuvent contribuer à répondre à l'intention de recherche secondaire, ce qui évite à l'utilisateur de devoir retourner sur Google et d'effectuer une autre recherche sur le web.

Cependant, un site web avec un référencement parfait attirera beaucoup de trafic, ce qui émettra beaucoup de carbone. Toutefois, les utilisateurs effectueront des recherches de toute façon, avec ou sans votre site web durable. Si votre site web "parfait" est plus écologique que les autres et qu'il est le seul site web que les utilisateurs doivent visiter, cela permettra d'économiser encore plus d'émissions de carbone à l'échelle macroéconomique. Pour cela, surveillez le taux de rebond de vos pages de contenu. Plus il est élevé et plus vos visiteurs ne trouvent pas ce qu'ils cherchent mais ont tout de même atterri sur une de vos pages.

DU CÔTÉ DESIGN,
OPTEZ POUR LE MINIMALISME

Le design minimaliste est une approche qui gagne en popularité dans le domaine du design de sites web depuis plusieurs années. Son principe fondamental est que "moins, c'est plus". Concrètement, cela signifie créer des sites épurés, simples et fonctionnels, où chaque élément a un rôle clair et où l'expérience utilisateur est prioritaire. En éliminant les éléments visuels superflus, cette approche permet aux utilisateurs de se concentrer pleinement sur l'information ou le message présenté.

Dans le design minimaliste, l'utilisation stratégique de l'espace négatif est essentielle. En laissant des zones vides, on crée un équilibre visuel et on améliore la lisibilité. Ce vide met en valeur le contenu principal et évite la confusion visuelle, ce qui rend la lecture plus agréable et facilite la compréhension.

Une typographie simple et lisible est également importante. En utilisant des polices claires et sans fioritures, on garantit une lecture fluide et agréable, mettant ainsi en avant le texte et améliorant la transmission de l'information.

Au niveau des couleurs, le design minimaliste se limite à un petit nombre de couleurs pour maintenir une esthétique épurée et cohérente. Cela évite la confusion visuelle et permet de mettre en avant les éléments clés du contenu.

Enfin, le design minimaliste utilise une hiérarchie visuelle pour guider l'attention de l'utilisateur. En jouant sur la taille, la couleur et la disposition des éléments, on met en évidence les informations importantes, on crée une structure visuelle claire et on facilite la compréhension du contenu. En résumé, le design minimaliste rend la navigation plus intuitive et améliore l'expérience utilisateur en organisant visuellement l'information de manière claire et efficace.

RÈGLE DES 3 CLICS

Une règle de base en matière d'ergonomie de site web consiste à rendre l'information accessible en maximum 3 clics. L'idée sous-jacente semble tout à fait pertinente : un trop grand nombre de clics nécessaires pour atteindre l'information est déstabilisant pour l'utilisateur. S'il se sent perdu ou découragé, ce dernier risque d'aller sur un autre site pour trouver l'information qu'il cherche initialement.

Apparue à l'époque où il fallait plusieurs secondes pour passer d'une page à l'autre, la limitation du nombre d'étapes apportait la garantie "illusoire" de limiter la durée de la recherche de l'information. Cette loi a donc été progressivement abandonnée et désormais, les sites possédant une navigation en arborescence à plusieurs niveaux sont légions.

Cependant, à l'heure où l'utilisation de la bande passante devient un atout écologique majeur, celle-ci refait surface. En effet, atteindre l'information en 3 clics permet de proposer à l'internaute que 3 changements complets de pages et la différence en terme de coût énergétique devient non négligeable.

Certes il peut être difficile de parvenir à formuler une navigation à maximum 3 niveaux lorsqu'on gère un site avec beaucoup de contenu. C'est là que les liens internes liant les contenus entre eux va prendre tout son sens. À partir du contenu d'un article ou de l'affichage de contenus relatifs, on permet la navigation transversale pour atteindre d'autres arborescences sans devoir revenir sur la page d'accueil.

Une autre façon de bien géré l'accès total au contenu est de soigner le moteur de recherche interne et de bien lister les résultats par pertinence. Nativement, Wordpress permet l'intégration d'un moteur de recherche interne et c'est une excellente nouvelle. Il y a bien sûr des possibilités d'aller encore plus loin dans ce domaine mais le champ de recherche natif dans lequel on va taper une série de mots-clés est, dans la plupart des cas, suffisant.

MINIMISER LE DÉCALAGE CUMULATIF DE LA MISE EN PAGE (*CUMULATIVE LAYOUT SHIFT*)

Le décalage cumulatif de la mise en page (CLS) se produit lorsque les éléments de la mise en page se déplacent au cours du processus de chargement d'une page web.

Cela se produit généralement lorsque des éléments dont le temps de chargement est long sont placés au-dessus d'éléments dont le temps de chargement est plus rapide tels que les images, les éléments intégrés, les publicités et le contenu injecté dynamiquement, comme les formulaires de contact ou les modules de découverte de contenu ("ceci peut également vous intéresser").

Les sites web durables veillent à définir les dimensions de chaque élément pertinent à l'aide des attributs *height* et *width* en feuille de style. Cela rend l'expérience de la page plus fluide, améliorer la visibilité dans Google (métrique présent dans les *Core Web Vitals*) et réduit certaines des émissions de gaz à effet de serre associées à des temps de chargement trop longs ou à des utilisateurs frustrés.

OPTIMISATION DES IMAGES

Avant de vous efforcer d'optimiser vos images, vérifiez si vous ne pourriez pas plutôt en supprimer quelques-unes. Par exemple, il peut y avoir des images décoratives dont un site web durable n'a pas vraiment besoin, ou des images redondantes qui n'apportent aucune valeur ajoutée parce qu'elles sont trop semblables à d'autres images sur la même page web.

Il existe plusieurs façons de réduire la taille des images. Une méthode simple, qui ne nécessite pas beaucoup d'installation technique, consiste à télécharger vos images sur *tinypng.com*[49]. Il s'agit d'un service en ligne gratuit de compression **PNG** et **JPEG**, mais aussi **WebP**, le nouveau format de compression développé par les équipes de Google.

Le format **SVG** apporte aussi son lot de compression native puisqu'il s'agit d'un format vectoriel sans perte de qualité à la réduction ou à l'agrandissement du visuel. Idéal pour les logos, les plans ou les icônes. Attention cependant à la sécurité liée aux fichiers SVG. Il vous faudra un plugin dédié pour cela type *Safe SVG*[50].

Si votre site web fonctionne sous WordPress et que vous préférez optimiser vos images de manière écologique directement dans le CMS, vous pouvez opter sur des plugins dédiés

---

[49] https://tinypng.com
[50] https://wordpress.org/plugins/safe-svg/

type *Imagify*[51], *ShortPixel*[52], *TinyPNG*[38] ou *EWWW*[53]. Ces plugins comprennent également un moyen facile de mettre en œuvre le "*lazy loading*", qui consiste à reporter l'affichage des images hors écran et à améliorer ainsi la vitesse de vos pages web.

D'un point de vue socialement durable, il est recommandé de saisir des textes alternatifs. Les textes alternatifs (balise alt) sont des descriptions d'images qui apparaissent lorsque l'utilisateur ne peut pas la voir. Par exemple, un utilisateur malvoyant peut disposer d'un lecteur d'écran qui lit le texte alt. Ou bien le navigateur affichera le texte alt si la connexion internet n'est pas suffisante pour charger l'image.

---

[51] https://imagify.io/fr/
[52] https://shortpixel.com
[53] https://ewww.io

OPTIMISATION DES VIDÉOS ET PODCASTS

Les vidéos, podcasts et l'ensemble des fichiers média hors images classiques sont extrêmement gourmands en ressource de stockage et surtout de bande passante. Il n'est absolument pas recommandé de les héberger soi-même sur son propre site. D'autant plus que l'optimisation du poids des fichiers ou du flux de streaming peut réellement poser des problèmes de perte de qualité.

Pour cela, laissons faire les plateformes dédiées telles que *YouTube* ou *Vimeo* pour la vidéo, *Podcaststics* pour les podcasts avec les relais idoines sur les plateformes de streaming audio type Spotify, Deezer etc. Ces plateformes s'occupent efficacement de compresser les fichiers, de créer la vignette de prévisualisation et surtout de propager le rendu aux communautés cibles – si c'est votre choix. Le mode privé est parfaitement adapté aussi.

Reste ensuite à intégrer le lecteur vidéo ou podcast sur le site web, les plateformes citées montrant comme faire sans difficulté. Attention cependant, l'intégration de ce type de lecteur peut être parfois gourmand en ressources javascript qui viennent se charger avec le lecteur, ainsi qu'une batterie de cookies marketing. L'alternative à cela serait de proposer une simple image re présentative de votre média (image de couverture de la vidéo ou du podcast), d'y ajouter un bouton « play » en plein centre et de lier vers la page native externe de votre média. Vous vous affranchissez ainsi d'un coût énergétique non négligeable. De plus, si vous optez pour la création d'une chaine YouTube ou d'un compte créateur Spotify, vous proposez à vos visiteurs, l'ensemble de vos éléments multimédia.

SIMPLIFIER LES POLICES DE CARACTÈRES

Les polices de caractères Web sont populaires car elles peuvent avoir un impact positif sur la fidélisation des utilisateurs et sur l'image de marque. La lisibilité et l'intelligibilité sont des attributs clés d'une bonne police de caractères Web.

Cependant, les polices web doivent être téléchargées comme n'importe quel autre fichier pour s'afficher correctement. L'impact environnemental d'une police non systémique en termes d'émissions de gaz à effet de serre est comparable à celui d'une petite image.

C'est pourquoi il est recommandé de s'en tenir à un maximum de deux polices web. Une pour le titrage et un pour le corps de vos contenus. Vous pouvez optimiser la plupart des polices en les compressant. Les fichiers de ces polices web sont stockés localement sur l'espace disque du site web. De cette manière, les visiteurs n'ont pas à les télécharger à partir d'un serveur tiers, comme par exemple *Google Fonts*, et il est possible d'en contrôler la compression (NB : Ceci n'est pas valable pour les polices *Adobe* ne sont pas éligibles au téléchargement et à l'usage direct).

Si vous souhaitez aller encore plus loin et réduire à néant l'impact environnemental des téléchargements de polices sur votre site web, vous pouvez vous en tenir aux polices système dites *web safe* telles que Arial, Verdana ou Times New Roman[54].

---

[54] https://kinsta.com/fr/blog/polices-caracteres-web-safe/

SUPPRIMER LES ÉMOTICÔNES

Dans WordPress, si vous n'avez pas l'intention d'utiliser des émoticônes, vous pouvez les désactiver, ainsi que leurs scripts, dans le fichier *functions.php* de votre thème enfant. Vous allez ainsi pouvoir gagner un temps de pré-chargement de vos pages non négligeable :

```
/* Disable the emoji's */
function disable_emojis() {
remove_action( 'wp_head', 'print_emoji_detection_script', 7 );
remove_action( 'admin_print_scripts', 'print_emoji_detection_script' );
remove_action( 'wp_print_styles', 'print_emoji_styles' );
remove_action( 'admin_print_styles', 'print_emoji_styles' );
remove_filter( 'the_content_feed', 'wp_staticize_emoji' );
remove_filter( 'comment_text_rss', 'wp_staticize_emoji' );
remove_filter( 'wp_mail', 'wp_staticize_emoji_for_email' );
add_filter( 'tiny_mce_plugins', 'disable_emojis_tinymce' );
add_filter( 'wp_resource_hints', 'disable_emojis_remove_dns_prefetch', 10, 2 );
}
add_action( 'init', 'disable_emojis' );

/* Filter function used to remove the tinymce emoji plugin.
*
* @param array $plugins
* @return array Difference betwen the two arrays
*/
function disable_emojis_tinymce( $plugins ) {
if ( is_array( $plugins ) ) {
return array_diff( $plugins, array( 'wpemoji' ) );
} else {
return array();
}
}
/* Remove emoji CDN hostname from DNS prefetching hints.
```

```
 *
 * @param array $urls URLs to print for resource hints.
 * @param string $relation_type The relation type the
URLs are printed for.
 * @return array Difference between the two arrays.
 */
function disable_emojis_remove_dns_prefetch( $urls,
$relation_type ) {
if ( 'dns-prefetch' == $relation_type ) {
/* This filter is documented in wp-includes/format-
ting.php */
$emoji_svg_url = apply_filters( 'emoji_svg_url',
'https://s.w.org/images/core/emoji/2/svg/' );

$urls = array_diff( $urls, array( $emoji_svg_url ) );
 }
return $urls;
}
```

Comme souvent avec Wordpress, il existe le plugins *Disable Emojis*[55] qui permet cette manipulation sans une ligne de code.

---

[55] https://wordpress.org/plugins/disable-emojis/

ATTRIBUT REL='PRECONNECT'

L'attribut *preconnect* peut être utilisé pour accélérer le chargement de ressources importantes dans le calcul de l'élément *Large Contentfull Paint* des *Web Core Vitals*.

Par exemple, lorsqu'une feuille de style CSS nécessite le chargement d'une police de caractères, une fois le chargement du fichier CSS terminé, les échanges DNS, TCP et TLS doivent normalement être effectués en premier lieu avec la source de la police de caractères et ce n'est qu'ensuite que la police elle-même peut être chargée.

Avec *preconnect*, les échanges DNS, TCP et TLS pour la police peuvent être effectués en parallèle avec le processus de chargement du fichier CSS, de sorte qu'une fois le processus de chargement du fichier CSS terminé, seul le fichier de police lui-même doit être chargé.

MODE *DEBUG* ET RÉCOLTE DE LOGS

Toute sorte de méthodes de récolte de logs ajoute du temps de chargement et des ressources serveur puisqu'il est nécessaire d'enregistrer les données en temps réel des visites. On ne parle pas ici des données statistiques de vos visiteurs qui se stockent généralement sur un service tiers (*Google Analytics* etc.). La récolte dans ce cas est déportée et n'influence pas sur la mise en cache des éléments délivrés aux visiteurs.

Bien que cela puisse être utile lors du développement du site pour comprendre les erreurs 5xx notamment, il est nécessaire de complètement supprimer les récoltes de logs (audit base de données, audit de Wordpress, journal des emails envoyés etc.) et les modes *debug* une fois le site passer en production.

LE DARK MODE

Le principe du *Dark Mode* consiste à proposer, côté design, une version sombre des pages d'un site de façon automatique suivant les paramètres du navigateur ou, manuellement, *via* un bouton dédié.

L'objectif initial est l'accroissement du confort de lecture dans des endroits mal éclairés. Cependant, plusieurs études ont montré que le mode sombre nuit à la compréhension de la lecture.

Côté écologique, on est en droit de penser que les couleurs sombres dépensent moins d'énergie. Pour des raisons techniques, les sites web en mode sombre consomment la même quantité d'énergie que les sites en mode clair sur les écrans LED rétroéclairés. Seuls les écrans OLED peuvent économiser de l'énergie sur les sites web sombres, mais ils ne sont pas très répandus.

Tant que les écrans OLED resteront un produit haut de gamme et seront largement indisponibles, vous ne devriez pas mettre en place un mode sombre pour économiser de l'énergie. Pensez aux coûts financiers et d'émissions de gaz à effet de serre associés à la refonte du mode sombre : Les couleurs, les styles et les images de votre site web devront être adaptés, voire dupliqués.

LA MÉTHODE PAGE WEIGHT BUDGET

Un budget de poids de page est littéralement un budget de poids d'une page web. Pas en grammes bien sûr, mais en kilo-octets ou méga-octets de fichiers. Plus précisément, il s'agit de la taille des fichiers transférés sur l'internet lorsqu'une page web est chargée.

Lorsque le budget a été fixé, l'objectif est de livrer chaque page clé du site web en ne dépassant pas le budget convenu, idéalement en le réduisant. Il s'agit d'un point de référence clair sur lequel se concentrer lors de la planification, de la conception et du développement du site.

Il existe des outils en ligne pour précalculer le *Page Weight Budget*, tel que *Performance Budget Calculator*[56]. Il permet de fournir des chiffres concrets en fonction des besoins.

En introduisant simplement le concept de budget de poids de page dans à l'étape de conception du site web, et par la suite à chaque refonte ou adaptations, il devient une façon de penser et de travailler qui va jusqu'à guider les décisions. Par exemple, il y a déjà 3 grandes images sur cette page, y a-t-il encore la place pour une 4ème ?

---

[56] https://www.performancebudget.io

IMPACT DES PUBLICITÉS EN LIGNE ET ALTERNATIVES DURABLES

Les publicités en ligne sont souvent gourmandes en ressources et peuvent contribuer de manière significative à l'empreinte environnementale d'un site web pour plusieurs raisons :

Chargement de Contenus Riches
Les publicités en ligne sont souvent conçues pour être attrayantes et interactives, ce qui signifie qu'elles peuvent contenir des éléments tels que des images haute résolution, des vidéos en haute définition, des animations complexes et des scripts sophistiqués. Le chargement de ces contenus riches nécessite une quantité importante de bande passante et de puissance de traitement, ce qui peut entraîner une consommation énergétique élevée des serveurs et des périphériques des utilisateurs.

Suivi et Ciblage
Les publicités en ligne utilisent fréquemment des technologies de suivi et de ciblage pour collecter des données sur les utilisateurs, telles que leur comportement de navigation, leurs intérêts et leurs habitudes d'achat. Ces technologies impliquent souvent l'utilisation de cookies, de scripts et d'autres mécanismes qui augmentent la charge de traitement côté serveur et côté client, ce qui peut entraîner une augmentation de la consommation d'énergie.

Réseaux Publicitaires

Les publicités en ligne sont souvent distribuées via des réseaux publicitaires, qui agrègent et diffusent des annonces à grande échelle sur de nombreux sites web. Ces réseaux publicitaires utilisent des infrastructures complexes de serveurs et de centres de données pour diffuser les annonces de manière efficace, ce qui entraîne une consommation énergétique importante.

Actualisation Dynamique

De nombreuses publicités en ligne sont conçues pour se mettre à jour dynamiquement en fonction des actions de l'utilisateur ou des changements dans le contenu de la page web. Cela peut nécessiter une communication continue entre le navigateur de l'utilisateur et les serveurs publicitaires, entraînant une augmentation de la consommation d'énergie.

Redirections et Pistages

Les publicités en ligne peuvent parfois entraîner des redirections multiples vers d'autres sites web ou des pages de destination, ce qui augmente la charge de traitement et la consommation de bande passante. De plus, les mécanismes de suivi utilisés dans les publicités peuvent générer un trafic réseau supplémentaire, contribuant ainsi à une consommation d'énergie plus élevée.

En somme, les publicités en ligne peuvent avoir un impact significatif sur l'empreinte environnementale d'un site web en raison de leur utilisation intensive de ressources, notamment en termes de bande passante, de puissance de traitement et d'énergie. Il est donc essentiel pour les éditeurs de sites web et les annonceurs de prendre en compte ces aspects lors de la conception et de la diffusion de publicités en ligne, et de rechercher des solutions qui minimisent leur impact sur l'environnement.

Il existe plusieurs alternatives aux publicités en ligne traditionnelles qui peuvent être moins gourmandes en ressources et réduire l'empreinte environnementale d'un site web.

Publicités textuelles
Les publicités textuelles sont des annonces simples composées principalement de texte, sans contenu multimédia supplémentaire comme des images ou des vidéos. Elles nécessitent généralement moins de bande passante et de puissance de traitement, ce qui en fait une alternative plus légère en termes de consommation d'énergie.

Publicités statiques
Les publicités statiques sont des annonces qui ne changent pas ou changent rarement, ce qui signifie qu'elles n'ont pas besoin de se mettre à jour dynamiquement et donc de générer moins de trafic réseau. Ces annonces peuvent être moins gourmandes en ressources que les publicités dynamiques ou interactives.

Publicités locales ou contextuelles
Plutôt que de diffuser des publicités génériques à un large public, les éditeurs de sites web peuvent opter pour des publicités plus ciblées et pertinentes en fonction de la

localisation géographique de l'utilisateur ou du contenu de la page web sur laquelle les annonces sont affichées. Cela peut réduire la nécessité de collecter et de traiter de grandes quantités de données utilisateur, contribuant ainsi à une empreinte environnementale moindre.

Publicités auto-hébergées
Au lieu de faire appel à des réseaux publicitaires tiers, les éditeurs de sites web peuvent choisir d'héberger eux-mêmes leurs propres annonces. Cela leur donne un contrôle total sur le contenu des annonces et peut réduire la dépendance à l'égard des infrastructures externes de publicité, potentiellement moins éco-responsables.

Modèles de monétisation alternatifs
Au lieu de s'appuyer uniquement sur la publicité pour générer des revenus, il est intéressant d'explorer d'autres modèles de monétisation, tels que les abonnements, les dons, les produits numériques ou les services payants. Ces modèles peuvent réduire la dépendance à l'égard des publicités en ligne et contribuer à une expérience utilisateur plus légère et moins intrusive.

En adoptant ces alternatives, les éditeurs de sites web peuvent réduire l'impact environnemental de leur activité en ligne tout en offrant une expérience utilisateur de qualité. Il est également important pour les annonceurs de soutenir ces initiatives en ajustant leurs stratégies publicitaires pour minimiser leur empreinte écologique. En fin de compte, la transition vers des pratiques publicitaires plus durables est bénéfique à la fois pour l'environnement et pour la pérennité de l'industrie du numérique.

ACCESSIBILITÉ

L'accessibilité des sites web vise à rendre les sites internet utilisables par tous, quel que soit le handicap. Cela englobe des aspects tels que la navigation au clavier, le support des lecteurs d'écran, et la conception inclusive. En effet, tous les individus devraient avoir un accès et des opportunités égales sur le Web, car cela est considéré comme un droit humain fondamental. De cette manière, non seulement les personnes handicapées sont soutenues, mais également les personnes âgées, les habitants des zones rurales et des pays en développement.

Catégories de déficiences les plus courantes :

- **Habiletés motrices/déficiences physiques.** Les utilisateurs peuvent rencontrer des difficultés à déplacer certaines parties de leur corps, notamment à effectuer des mouvements précis (par exemple lorsqu'ils utilisent une souris).

- **Crises photosensibles.** Des conditions telles que l'épilepsie peuvent provoquer des crises qui sont souvent déclenchées par des lumières clignotantes.

- **Troubles cognitifs.** Il existe également de nombreuses pathologies qui affectent les capacités cognitives, comme la démence et la dyslexie.

- **Déficience visuelle.** Cela inclut une incapacité partielle ou totale de voir ou de percevoir les contrastes de couleurs.

- **Déficience auditive.** Certains utilisateurs ont une capacité auditive réduite.

GRAPHIQUES ET PUBLICATIONS

Texte

Lorsque vous communiquez en ligne ou par voie imprimée, le texte est votre principal outil pour vous assurer que votre public reçoit l'information efficacement. Cependant, différents textes ont des objectifs différents et il faut garder à l'esprit que certains formats ne sont pas toujours efficaces pour communiquer nos informations.

- Les polices doivent être faciles à lire, visibles et simples. Lorsque vous utilisez une police, gardez à l'esprit que plus elle est simple, plus il sera facile pour quelqu'un de la lire. Les polices serif, cursives et italiques sont plus difficiles à lire, en particulier par les personnes souffrant de troubles cognitifs, comme la dyslexie. Il est recommandé d'utiliser des polices Sans Serif telles que Arial, Calibri, Century Gothic, Helvetica, Tahoma et Verdana.

- Les tailles de police doivent être réactives, ce qui signifie que l'utilisateur doit pouvoir choisir une taille de police plus confortable à lire.

- Utilisez un texte aligné à gauche au lieu d'un texte justifié, car le texte justifié rend la lecture plus difficile pour les personnes dyslexiques.

- Si vous souhaitez mettre en valeur votre texte, utilisez des lettres grasses. Les italiques et les soulignements sont difficiles à lire pour certaines personnes ayant une déficience cognitive.

- Incluez des espaces entre les paragraphes pour aider les gens à suivre le rythme et l'idée générale du texte.

Images

Les images peuvent être utilisées pour transmettre une signification ou un sentiment spécifique. D'autres fois, ils peuvent être utilisés pour simplifier des idées complexes. Dans tous les cas, une personne qui utilise un lecteur d'écran doit savoir quelle est la signification de l'image. Pour cette raison, toutes les images doivent être accompagnées d'un texte alternatif ou « alt ».

Le texte alternatif est une description écrite qui accompagne une image. Les personnes malvoyantes utilisent le texte alternatif pour « voir » le contenu d'une image grâce à des outils de synthèse vocale.

Ce texte alt est aussi largement utilisé pour le référencement de l'image dans les moteurs de recherche. Ainsi, une simple image qui n'a pour rôle que d'apporter de la couleur ou de la respiration au contenu, sans y être sémantiquement liée, est à proscrire. On gagne ainsi en référencement, en simplicité et en bande passante. Ne l'utilisez pas sur des images décoratives. Pour faire simple, n'utilisez pas cet outil pour des éléments de votre site Web qui n'offrent pas vraiment d'informations. Cela prête à confusion pour les lecteurs d'écran et les utilisateurs de clavier.

Soyez précis et équivalent en présentant le même contenu et la même fonction que ceux présentés par l'image.

N'utilisez pas les expressions « image de... » ou « graphique de... » pour décrire l'image. Il est généralement évident pour l'utilisateur qu'il s'agit d'une image.

Ne l'utilisez pas pour des images accompagnées d'un lien. Si l'image et le lien mènent au même site Web, le lecteur d'écran lira deux fois le même texte, ce qui n'est pas pratique pour l'utilisateur. Notre objectif est de supprimer les obstacles, et non d'en ajouter d'autres. Soyez bref. Certains lecteurs d'écran rencontrent des difficultés à lire plus de 125 caractères, alors essayez de garder le texte alternatif court mais complet.

Dans le cas où l'image est vraiment complexe, deux textes alternatifs doivent être fournis, une définition simple et une longue description expliquant les informations structurées.

Utiliser le sous-titrage des images. Le texte à côté d'une image peut aider à fournir plus de contexte. Le sous-titrage des images est reconnu par les lecteurs d'écran. N'utilisez pas de texte alternatif s'il y a une légende d'image. En utilisant à la fois du texte alternatif et des sous-titres d'images, le contenu est répétitif pour les personnes qui utilisent un lecteur d'écran. Décrivez ce que vous sous-titrez. Ceci est important pour les personnes qui n'ont pas accès à l'image elle-même. Ils doivent être capables de comprendre quelle image vous sous-titrez. Assurez-vous d'être clair et détaillé dans votre légende.

Évitez le texte dans une image si vous souhaitez que le texte puisse être identifié par les lecteurs d'écran. Le texte en tant qu'image n'est pas idéal pour les personnes qui utilisent des loupes, car l'agrandissement du texte dans une image pourrait entraîner un résultat pixellisé.

Si vous devez utiliser du texte en tant qu'image, envisagez d'utiliser du texte alternatif ou des sous-titres d'image et SVG (Scalable Vector Graphics).

Graphiques

Pour éviter toute complication, les graphiques doivent toujours comporter un élément autre que de la couleur pour comprendre son contenu (comme des icônes de formes diverses ou des descriptions textuelles), afin de permettre aux daltoniens le même confort de lecture.

Maintenir un contraste élevé entre les couleurs d'arrière-plan et de premier plan. Un rapport de contraste minimum de 4,5:1 par rapport à la couleur d'arrière-plan est recommandé par le World Wide Web Consortium (W3C).

SITES WEB

Contrôles

Les contrôles, également appelés éléments d'interface utilisateur (éléments d'interface utilisateur), incluent tout élément avec lequel l'utilisateur peut interagir sur votre site Web. Les contrôles les plus courants sont les boutons et les liens.

- Des commandes trop petites ou trop rapprochées peuvent être gênantes pour les utilisateurs de petits écrans tactiles, tels que les smartphones.

- Les contrôles doivent comporter un texte indicatif pour signifier leur utilisation.

Mise en page

- La présentation structurelle de votre site web revêt une importance majeure pour les personnes qui utilisent leur clavier pour y naviguer. Assurez-vous que votre site Web a une mise en page simple et complète.

- Évitez les changements brusques dans la présentation de votre site Web. Informez votre public avant de mettre en œuvre un changement structurel ou visuel.

- Les images doivent toujours être accompagnées d'une description et d'un texte alternatif et les vidéos doivent toujours avoir une transcription.
- Suivre une disposition logique et linéaire des éléments de contenu.
- Toujours écrire des liens et des titres descriptifs et éviter les expressions du type « Cliquez ici ».

Compatible avec le clavier

La manière la plus courante de naviguer à l'aide d'un clavier est d'utiliser la touche Tab. Cela permettra de passer d'une zone d'une page à l'autre qui peut avoir le « focus clavier », qui comprend des liens, des boutons et des formulaires. Par conséquent, votre objectif doit être de garantir que tout le contenu Web et la navigation sont accessibles à l'aide de la touche Tab.

Couleurs

Vous devez vous assurer que les couleurs que vous sélectionnez sur votre site contrastent bien pour que tout le monde puisse distinguer les différents éléments de la page. Le problème le plus urgent est de s'assurer que le texte se détache de l'arrière-plan. Idéalement, vous devriez opposer une couleur foncée à une couleur claire, en vous assurant qu'elles ne se mélangent pas.

En-têtes

Les en-têtes clairs aident les lecteurs d'écran à interpréter vos pages. Cela rend beaucoup plus facile la navigation dans la page. C'est également facile à faire car il vous suffit de vous assurer que vous utilisez les niveaux de titre corrects dans votre contenu.

Formulaires

Le plus important est de s'assurer que chaque champ est clairement étiqueté. Vous devez également viser à placer les étiquettes à côté des champs respectifs. Même si un utilisateur voyant peut facilement associer une étiquette au champ ou à l'option correspondant, cela peut ne pas être évident pour une personne utilisant un lecteur d'écran.

Navigation automatique

Comprendre comment mettre en pause une vidéo en lecture automatique peut être difficile lors de l'utilisation d'un lecteur d'écran, et certains utilisateurs pourraient être confus, voire effrayés, par le bruit soudain. Vous devez donc éviter d'inclure des éléments qui démarrent sans que l'utilisateur ne le demande.

Texte to speech

Pensez à ajouter une possibilité de synthèse vocale sur votre site Web pour que les gens puissent écouter son contenu. Avec un rendu HTML clairement hiérarchisé, le travail est souvent déjà fait de ce côté

Redimensionnement du texte

Rendre cela possible pour les personnes qui pourraient en avoir besoin.

Liens compréhensibles

Utilisez un langage descriptif sur vos hyperliens.

Page *easy to read*

Une page "*easy to read*" est une page web conçue pour être facilement comprise par un large éventail de personnes, y compris celles ayant des difficultés de lecture, de compréhension ou des handicaps cognitifs. Voici quelques caractéristiques et stratégies pour créer une telle page :

1. **Langage simple et clair**
   Utilisez un langage simple et direct. Évitez les termes techniques ou jargonnants. Privilégiez les phrases courtes et les mots familiers.

2. **Structure claire**
   Organisez le contenu de manière logique en utilisant des titres et sous-titres descriptifs. Utilisez des listes à puces pour les informations importantes.

3. **Taille et style de police lisibles**

   Utilisez une police de caractères simple et facile à lire. Assurez-vous que la taille de police est suffisamment grande pour être lisible, généralement autour de 16px ou plus.

4. **Contraste élevé**

   Assurez-vous d'avoir un bon contraste entre le texte et l'arrière-plan pour faciliter la lecture, en particulier pour les personnes ayant une déficience visuelle. Utilisez des couleurs contrastées pour le texte et l'arrière-plan.

5. **Images et médias significatifs**

   Utilisez des images et des médias qui renforcent le contenu et aident à la compréhension. Assurez-vous d'inclure des descriptions alternatives (attribut alt) pour les images, afin qu'elles soient accessibles aux lecteurs d'écran.

6. **Évitez les distractions**

   Limitez l'utilisation d'éléments visuels ou interactifs qui pourraient distraire l'utilisateur de la compréhension du contenu principal.

7. **Facilitez la navigation**

   Assurez-vous que la navigation sur la page est intuitive et simple. Utilisez des liens descriptifs pour guider les utilisateurs vers d'autres sections pertinentes du site.

8. **Testez l'accessibilité**
   Utilisez des outils d'évaluation d'accessibilité pour tester votre page et identifier les problèmes potentiels. Effectuez des tests avec des utilisateurs ayant des besoins spécifiques pour obtenir des retours d'expérience concrets.

En mettant en place ces stratégies, vous pouvez créer des pages web accessibles qui sont faciles à lire et à comprendre pour tous les utilisateurs, quel que soit leur niveau de compétence ou leurs capacités.

Il peut aussi s'agir d'une page unique en mode *easy to read* qui décrit votre contenu, vos services et comment vous joindre.

DESIGN RESPONSIVE

Avec plus de 50% d'utilisation en ligne à partir d'un smartphone, le mode « responsive » est devenu obligatoire depuis quelques années.

Le principe consiste à redistribuer les éléments de contenu sur une page en fonction de l'appareil avec lequel est lu cette même page. On distingue ainsi 3 formats d'écran distincts : le smartphone avec une largeur d'écran inférieure à 728 pixels, la tablette avec une large d'écran de 728 à 1023 pixels et l'ordinateur de bureau (ou desktop) avec une largeur de minimum 1024 pixels.

La plupart des outils de *Page Builders* proposent nativement ce mode. Il faudra cependant vérifier manuellement que chaque page s'affiche correctement sur les 3 largeurs d'écran pour éviter toute surprise.

PERSPECTIVES

Prédire avec précision les futures tendances en matière de développement durable sur le web est un exercice difficile, voici cependant quelques directions possibles vers lesquelles l'industrie pourrait évoluer :

Blockchain pour la durabilité

La technologie blockchain offre des possibilités de traçabilité et de transparence accrues, ce qui pourrait être utilisé pour vérifier les pratiques durables tout au long de la chaîne d'approvisionnement numérique, y compris l'hébergement, le développement de sites et la publicité en ligne.

Intelligence artificielle pour l'optimisation écologique

L'intelligence artificielle peut être utilisée pour analyser les données de manière proactive et identifier des opportunités d'optimisation écologique, comme la réduction de la consommation d'énergie des serveurs, l'amélioration de l'efficacité des publicités en ligne et la personnalisation des recommandations pour encourager des comportements durables.

Énergies renouvelables dans l'infrastructure web

Les entreprises d'hébergement web pourraient intensifier leurs efforts pour migrer vers des sources d'énergie renouvelables pour alimenter leurs centres de données, réduisant ainsi l'empreinte carbone de l'infrastructure web.

Analyse de l'impact environnemental des sites web

Les outils d'analyse de l'impact environnemental des sites web pourraient devenir plus courants, permettant aux développeurs et aux propriétaires de sites de quantifier et de minimiser l'empreinte carbone de leurs plateformes numériques.

Responsabilité étendue

Les consommateurs et les utilisateurs pourraient exercer une pression croissante sur les entreprises pour qu'elles adoptent des pratiques durables, ce qui inciterait les entreprises web à intégrer des considérations environnementales dans toutes leurs activités.

Économie circulaire numérique

L'adoption de pratiques d'économie circulaire, telles que la réutilisation, le partage et le recyclage des ressources numériques, pourrait devenir plus répandue dans l'industrie du web, contribuant ainsi à réduire les déchets numériques.

Normes et réglementations

Les gouvernements et les organismes de réglementation pourraient introduire des normes et des réglementations plus strictes en matière de durabilité numérique, obligeant les entreprises à rendre compte de leur impact environnemental et à adopter des pratiques plus respectueuses de l'environnement.

Ces tendances émergentes représentent des domaines potentiels où l'industrie du web pourrait évoluer dans un souci croissant de durabilité et de responsabilité environnementale. Toutefois, la réalisation de ces objectifs dépendra en fin de compte de la collaboration entre les entreprises, les gouvernements, les organisations de la société civile et les consommateurs pour transformer l'industrie du web en une force positive pour un avenir plus durable.

LES COMMUNAUTÉS DE DÉVELOPPEMENT DURABLE SUR INTERNET

Il existe plusieurs communautés engagées dans le développement web durable qui rassemblent des professionnels, des développeurs, des concepteurs et des passionnés partageant les mêmes idées. Voici quelques-unes de ces communautés, pour ne citer qu'elles :

Green Web Foundation[57]

La Green Web Foundation est une organisation internationale qui vise à rendre le web plus durable en encourageant l'utilisation d'énergies renouvelables pour alimenter les sites web. Ils fournissent des ressources, des outils et des informations pour aider les entreprises et les développeurs à adopter des pratiques plus respectueuses de l'environnement.

Sustainable Web Manifesto[58]

Le Sustainable Web Manifesto est un projet communautaire qui vise à promouvoir le développement web durable en encourageant l'adoption de bonnes pratiques telles que la conception légère, l'optimisation

---

[57] https://www.thegreenwebfoundation.org
[58] https://www.sustainablewebmanifesto.com

des performances et l'utilisation d'énergies renouvelables. Les développeurs peuvent adhérer au manifeste et s'engager à suivre ses principes.

Sustainable Web Design Community[59]

Cette communauté regroupe des professionnels du design et du développement web qui partagent des ressources, des études de cas et des conseils sur la conception écologique des sites web. Ils organisent également des événements et des ateliers pour sensibiliser et éduquer sur le développement web durable.

ClimateAction.Tech[60]

ClimateAction.Tech est une communauté mondiale de professionnels de la technologie qui travaillent ensemble pour atténuer le changement climatique à travers des actions concrètes. Ils offrent un espace pour partager des ressources, des projets et des idées sur la manière dont la technologie peut être utilisée pour soutenir la durabilité environnementale, y compris dans le domaine du développement web.

---

[59] https://www.w3.org/community/sustyweb/
[60] https://climateaction.tech

CONCLUSION

La notion centrale qui émane de cette exploration est que le développement durable sur le web n'est pas simplement une option, mais une nécessité impérieuse. Les impacts environnementaux du secteur numérique, combinés aux enjeux sociaux et éthiques, exigent une réévaluation fondamentale de la manière dont nous concevons, développons et gérons nos sites internet.

L'éco-conception, l'optimisation des performances, l'hébergement responsable, l'accessibilité, et bien d'autres aspects ont été examinés pour dévoiler leur potentiel transformateur. Toutefois, la transition vers un web durable n'est pas dénuée de défis. Les tendances émergentes, les implications des technologies futures, et les questions sociales nécessitent une vigilance constante et une collaboration active. Les solutions proposées dans ce livre offrent des perspectives, mais leur mise en œuvre dépend largement de l'engagement de la communauté du développement web.

Cet ouvrage s'achève sur un appel à l'action. Il invite les développeurs, les entreprises, les éducateurs, et les décideurs à rejoindre une communauté dynamique dédiée au développement durable sur internet. Ensemble, nous pouvons partager nos connaissances, résoudre les défis émergents, et façonner un avenir où le web devient un moteur de progrès durable.

En conclusion, le développement durable sur le web n'est pas seulement une quête technique, mais un impératif moral et stratégique. C'est une invitation à repenser la manière dont nous concevons nos espaces numériques, en gardant à l'esprit que chaque ligne de code, chaque image compressée, et chaque choix d'hébergement contribuent à forger un avenir numérique plus respectueux de notre planète et de ses habitants.

Chaque geste compte.

ANNEXE
CHECKLIST AVANT DE METTRE VOTRE SITE EN LIGNE.

En plus de l'ensemble des points que nous avons considérés ensemble dans cet ouvrage, voici une liste de vérifications à faire impérativement avant de mettre votre site en ligne pour éviter les surprises, notamment en termes de référencement naturel et de sécurité.

GLOBAL

- Cohérence des titres de rubrique dans le menu principal.

- Présence du favicon et des icônes pour les smartphones.

- Mention des réseaux sociaux.
- Vérification du SEO sur chaque page.
- L'image à la une de chaque page est présente et correspond en format et qualité aux standards des images de partage.
- Vérification du script et des tags pour l'analytique.
- Le certificat SSL est en place et les liens vers le site sont forcés *via* HTTPS.
- La bannière de notification sur l'utilisation des cookies est en place et le non-consentement supprime bien les cookies.
- Les images sont-elles optimisées et compressées dynamiquement.
- Le site est responsif sur tablette et smartphone sur l'ensemble des pages.
- Test des formulaires de contact avec réception effective par courriel des soumission et/ou enregistrement effectif dans la base de données.
- Les formulaires doivent mentionner ce qui est fait des données saisies et envoyées.
- Protection anti-spam.
- Copyright en pied de page.

- Les pages de *Cookie policy* et *Privacy policy* sont accessibles et correctement décrites.

- Les styles d'écriture et de positionnement des éléments sont uniformes sur toutes les pages.

- Dans le cas d'une refonte de site, les liens de redirection 301 des anciens contenus sont en place.

- Le logo du menu renvoie vers la page d'accueil.

- Présence des fichiers *robots.txt* et *sitemap.xml* pour le référencement.

- Page Speed Insight donne un résultat moyen de plus de 80%.

- Présence de la page 404.

- Le site est exempt de liens cassés *via* brokenlinkcheck.com.

- Le back-office est sécurisé et derrière un firewall.

- Le site est disponible avec et sans « www ».

- Les contenus des pages sont mis en cache.

- Les fichiers récurrents sont accessibles *via* un CDN.

- La description du site est correctement intégrée.

- *Google search console* et *Bing Master Tool* sont paramétrés.

- Les url des pages sont signifiantes et sémantiques.

- Les messages d'erreur des formulaires sont bien traduits dans la langue du site.

- Les données Meta de partage sur les réseaux sociaux sont définies (*featured image* + *excerpt*) pour tous les types de contenu.

WORDPRESS

- Le thème principal et le thème enfant ont leur visuel et la référence de l'autrice ou de l'auteur est mentionnée.

- Les plugins et les thèmes inutilisés sont supprimés.

- Le code de Wordpress, les thèmes et les plugins sont tous en mise à jour automatique.

- Le rôle administrateur avec son adresse e-mail valide et accessible est correctement documentés avec un mot de passe fort.

- Le *site health* natif de Wordpress donne un résultat correct.

HÉBERGEMENT

- Les accès FTP, sFTP, SSH sont documentés.

- L'accès au cluster de l'hébergement est possible pour y modifier la version PHP par exemple pour la plus récente.

- Le préfixe des tables de la base de sonnées n'est pas le standard « wp_ » et a été modifié.

- L'accès au DNS est documenté.

TABLE DES MATIÈRES

CONTEXTE	**7**
À PROPOS	**9**
LES BASES DU DÉVELOPPEMENT DURABLE	**11**

COMPRENDRE LES PRINCIPES FONDAMENTAUX DU DÉVELOPPEMENT DURABLE — 11
IMPACT ENVIRONNEMENTAL DU SECTEUR NUMERIQUE — 13
LE PIÈGE DES PLATEFORMES DITES « NO-CODE » — 16

ÉCO-CONCEPTION DES SITES WEB	**18**

HTML/CSS/JAVASCRIPT — 19
LE CHOIX DE L'OPEN SOURCE — 21
WORDPRESS, LE CMS ULTIME ? — 24
LE CAS DES HEADLESS CMS — 30

HÉBERGEMENT RESPONSABLE	**32**
OPTIMISATION DES PERFORMANCES	**40**

MISE EN PLACE D'UN SYSTEME DE CACHE SUR UN SITE WEB — 41
CORE WEB VITALS : LA MÉTHODE DE GOOGLE POUR OPTIMISER LES PERFORMANCES WEB — 46
CHOIX DU THEME SOUS WORDPRESS — 53
LES PAGES BUILDERS — 55

GESTION DURABLE DES CONTENUS 58

DURABILITE DES DONNÉES 59
SEARCH ENGINE OPTIMISATION (SEO) ET ORGANISATION DU CONTENU 60
DU CÔTÉ DESIGN, 62
OPTEZ POUR LE MINIMALISME 62
RÈGLE DES 3 CLICS 64
MINIMISER LE DÉCALAGE CUMULATIF DE LA MISE EN PAGE (*CUMULATIVE LAYOUT SHIFT*) 66
OPTIMISATION DES IMAGES 67
OPTIMISATION DES VIDÉOS ET PODCASTS 69
SIMPLIFIER LES POLICES DE CARACTÈRES 71
SUPPRIMER LES ÉMOTICÔNES 73
ATTRIBUT REL='PRECONNECT' 75
MODE *DEBUG* ET RÉCOLTE DE LOGS 76
LE DARK MODE 77
LA MÉTHODE PAGE WEIGHT BUDGET 78
IMPACT DES PUBLICITÉS EN LIGNE ET ALTERNATIVES DURABLES 79

ACCESSIBILITÉ 84

GRAPHIQUES ET PUBLICATIONS 86
SITES WEB 90
DESIGN RESPONSIVE 96

PERSPECTIVES 97

LES COMMUNAUTÉS DE DÉVELOPPEMENT DURABLE SUR INTERNET 101

CONCLUSION 103

ANNEXE CHECKLIST AVANT DE METTRE VOTRE SITE EN LIGNE. 105

GLOBAL 105
WORDPRESS 108
HÉBERGEMENT 109